ubrania · les vêtements · roupa · ropa · Kleidung · clothing
الملابس · mavazi · कपड़े · 衣類 · 衣物 · одежда

higiena · l'hygiène · higiene · higiene · Hygiene · hygiene
النظافة · usafi · स्वच्छता · 衛生状態 · 卫生 · гигиена

zdrowie · la santé · saúde · sanidad · Gesundheit · health
الصحة · afya · स्वास्थ्य · 健康 · 健康 · здоровье

pieniądze · l'argent · dinheiro · dinero · Geld · money
النقود · fedha · धन · 金銭 · 钱币 · деньги

czas wolny · les loisirs · lazeres · ocio · Freizeit · leisure
وقت الفراغ · wakati wa starehe · अवकाश · レジャー · 休闲 · свободное время

mieszkanie · le logement · alojamento · alojamiento · Unterkunft · accomodation
الإقامة · makao · आवास · 宿泊設備 · 住宿 · жильё

urzędy · les autorités · autoridades · autoridades · Behörden · authorities
السلطات · serikali · प्रधिकरण · 当局 · 行政机关 · органы власти

podróże · les voyages · viagem · viaje · Reise · travel
… · … · … · 旅行 · 旅行 · поездка

… · Maße · measurements
…य · 測定 · 尺寸 · размер

…tos · Gefühle · emotions
…в · 感触 · 感觉 · чувства

…a · comida · Essen · food
… सामग्री · 食物 · 食品 · еда

el mundo · Welt · world
· विश्व · 世界 · 世界 · мир

GW00640776

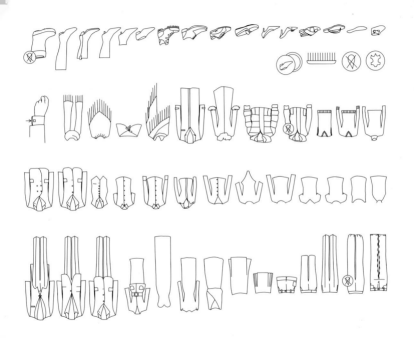

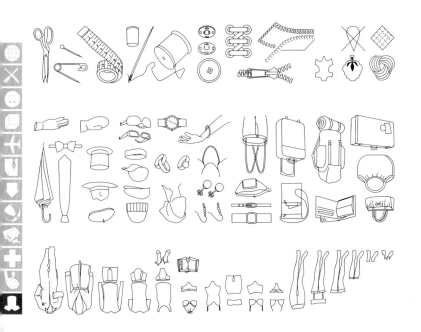

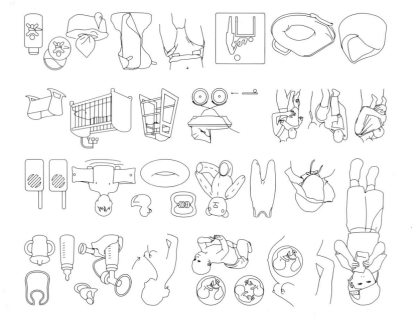

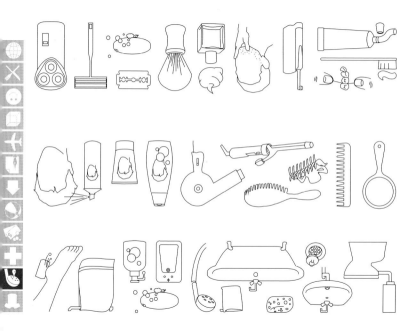

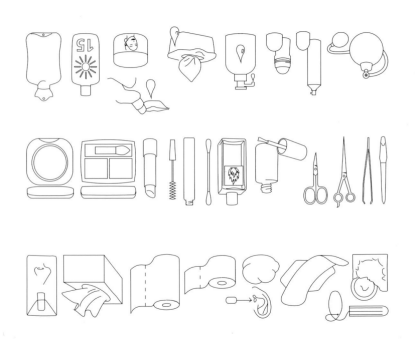

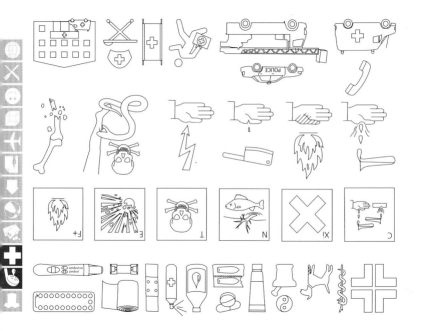

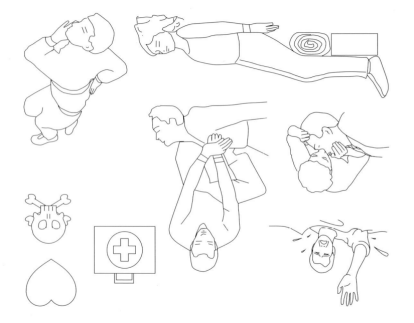

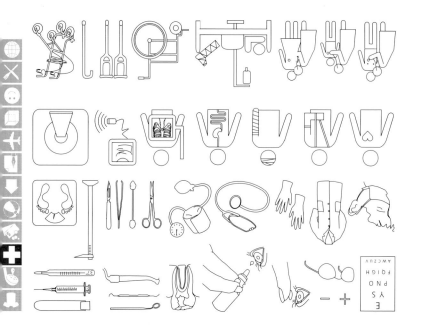

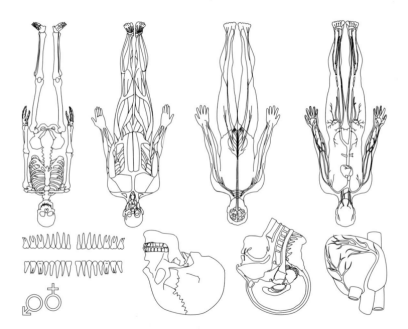

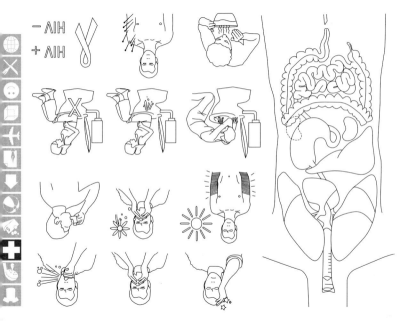

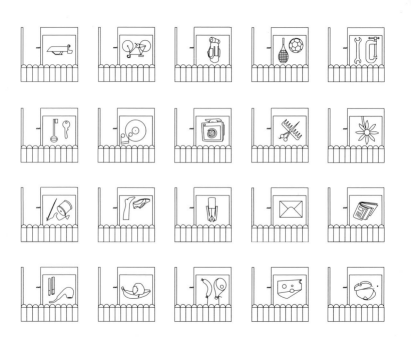

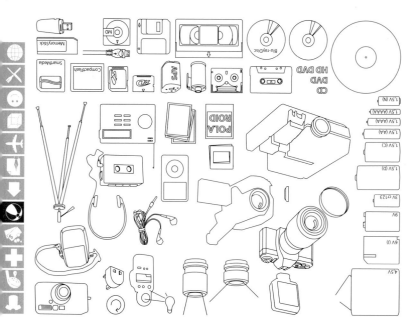

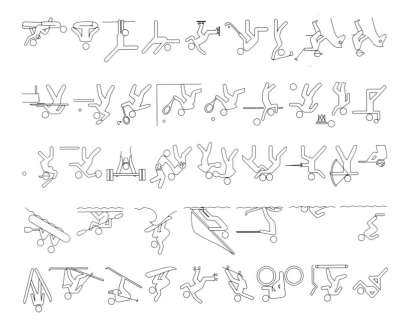

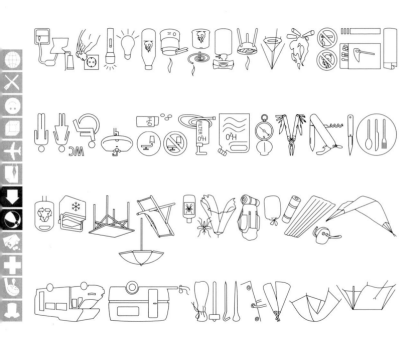

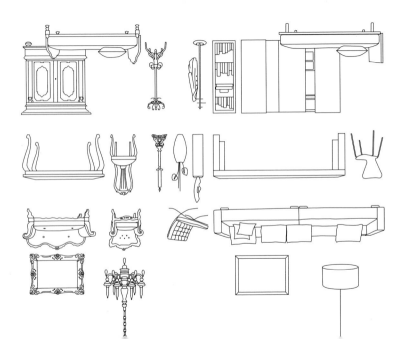

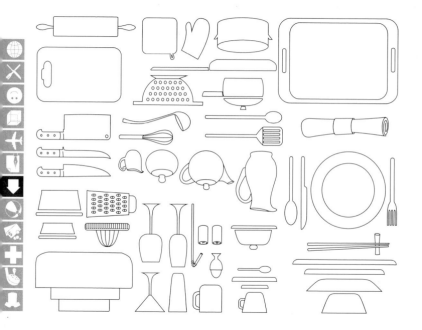

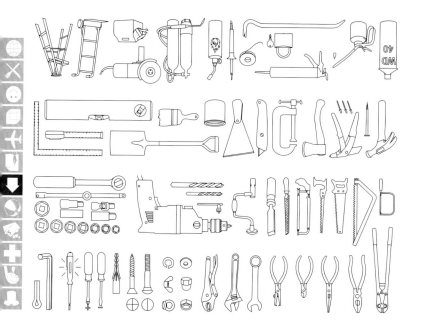

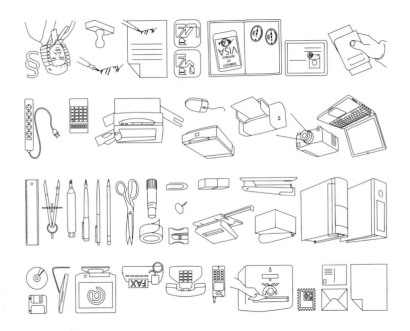

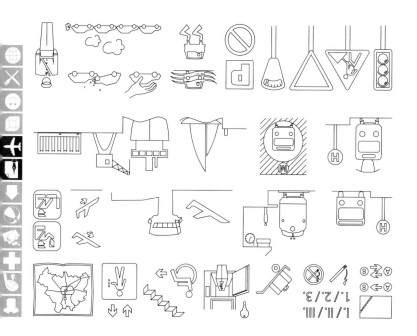

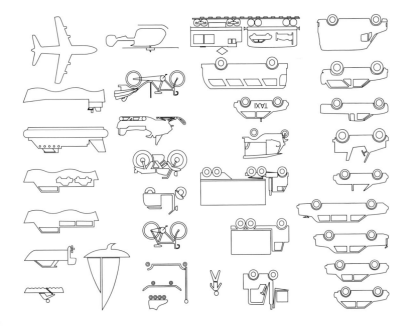

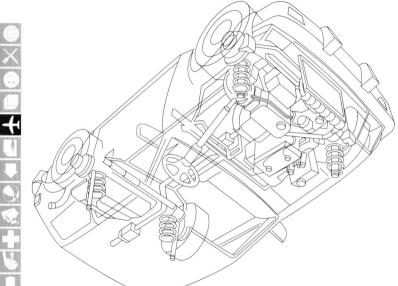

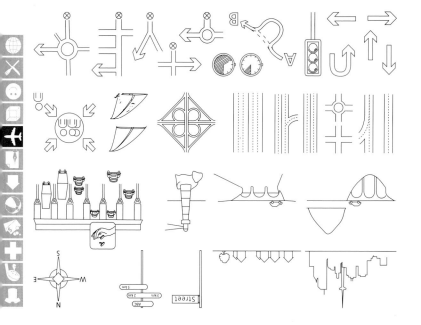

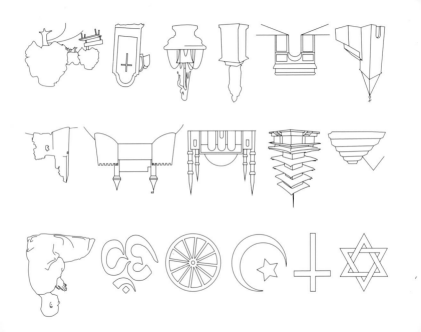

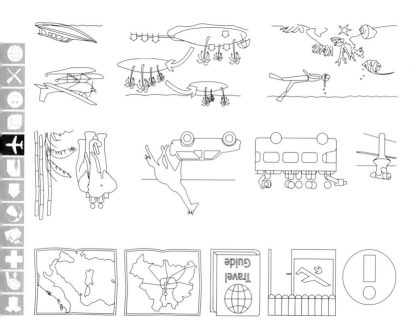

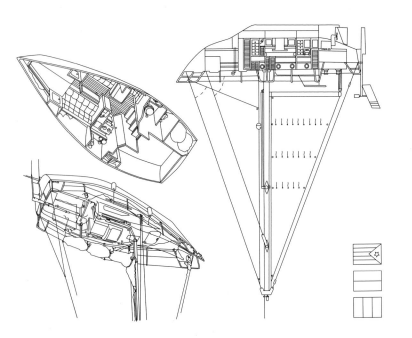

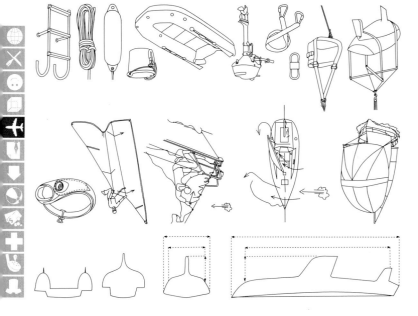

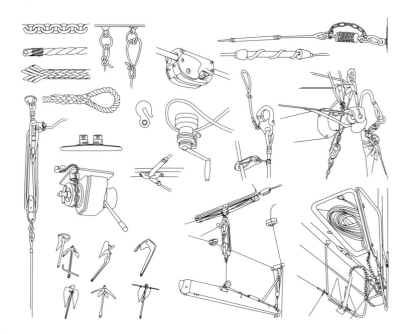

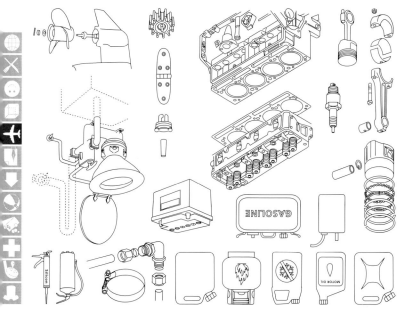

GASOLINE

MOTOR OIL

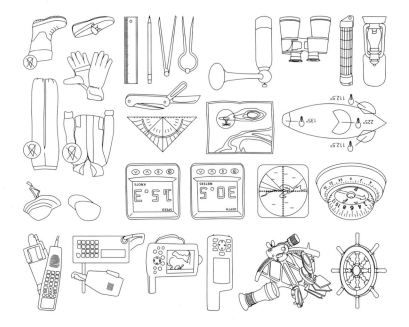

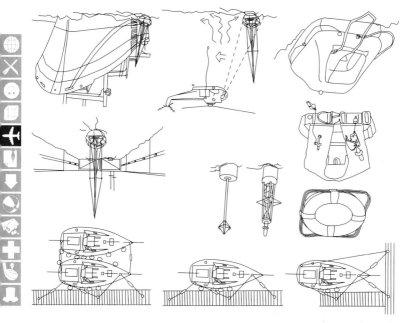

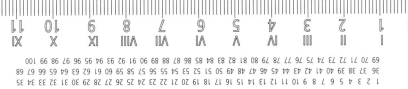

11 10 9 8 7 6 5 4 3 2 1 0

XI X IX VIII VII VI V IV III II I

1 2 3 4 5 6 7 8 9 10 11 12 13 14 15 16 17 18 19 20 21 22 23 24 25 26 27 28 29 30 31 32 33 34 35 36 37 38 39 40 41 42 43 44 45 46 47 48 49 50 51 52 53 54 55 56 57 58 59 60 61 62 63 64 65 66 67 68 69 70 71 72 73 74 75 76 77 78 79 80 81 82 83 84 85 86 87 88 89 90 91 92 93 94 95 96 97 98 99 100

0 10 100 1,000 10,000 100,000 1,000,000 10,000,000

I ☐	jan	
II ☐	feb	
III ☐	mar	
IV ☐	apr	monday ☐
V ☐	may	tuesday ☐
VI ☐	jun	wednesday ☐
VII ☐	jul	thursday ☐
VIII ☐	aug	friday ☐
IX ☐	sep	saturday ☐
X ☐	oct	sunday ☐
XI ☐	nov	s h km/h mph
XII ☐	dec	‰ % Watt kJ dB

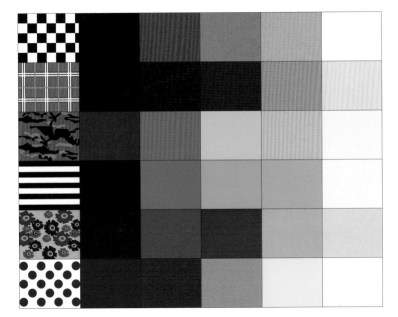

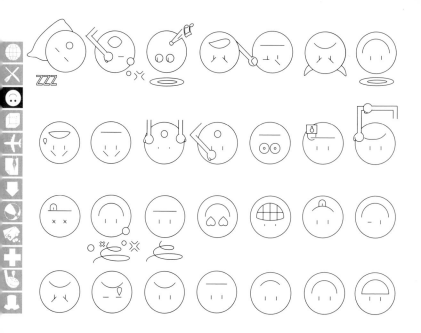

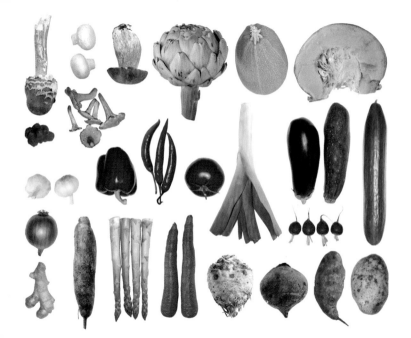

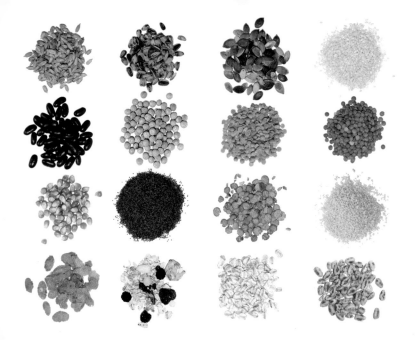

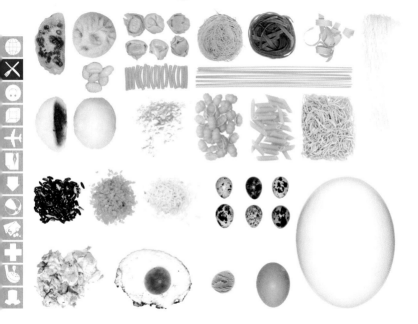

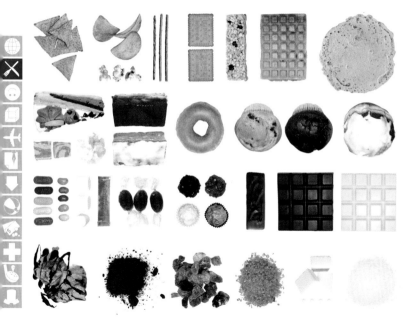

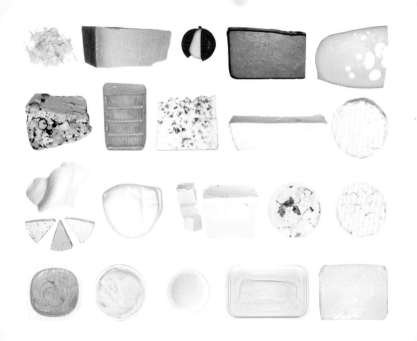

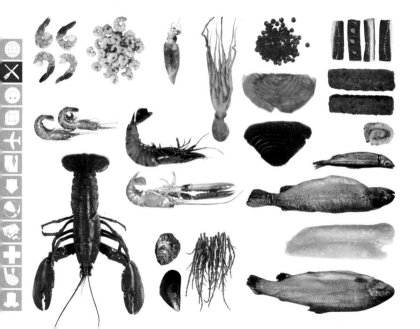

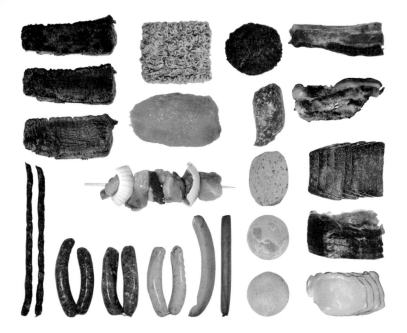

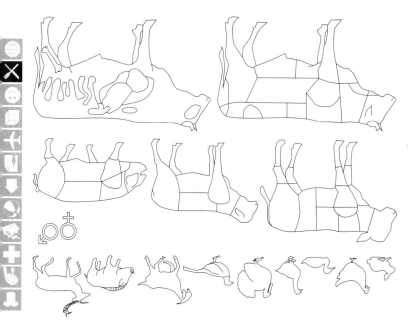

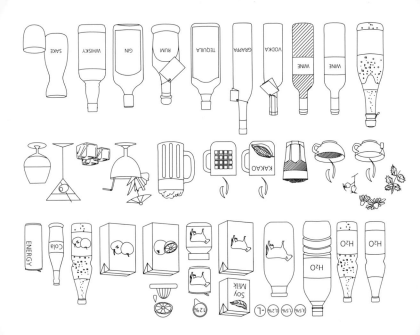

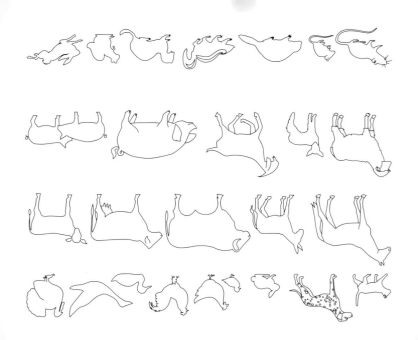

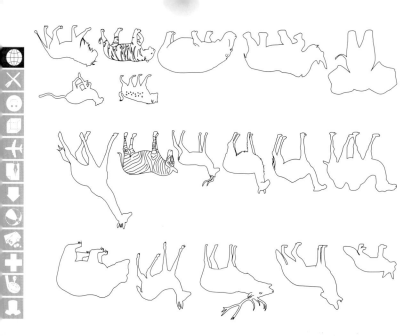

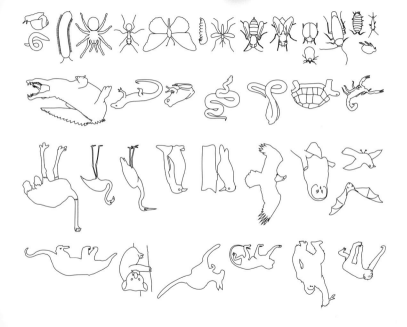

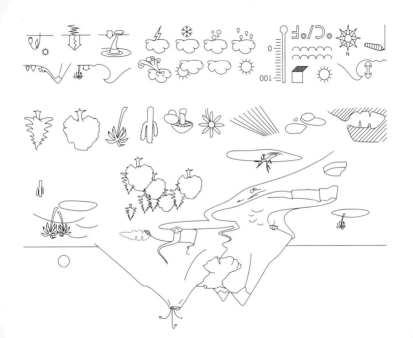

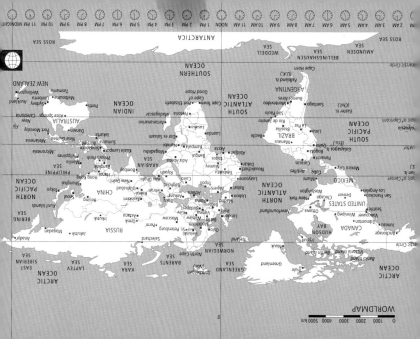

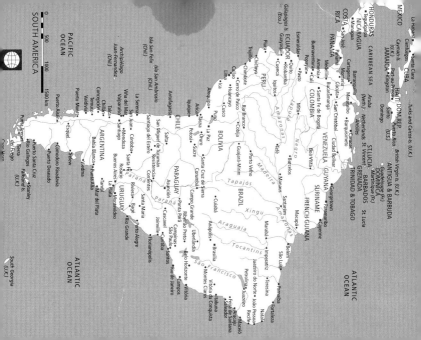